V&R

VIVA 1
Arbeitsheft

von
Stefan Kliemt

Vandenhoeck & Ruprecht

Bibliografische Information der Deutschen Nationalbibliothek

Die Deutsche Nationalbibliothek verzeichnet diese Publikation in der Deutschen Nationalbibliografie; detaillierte bibliografische Daten sind im Internet über http://dnb.d-nb.de abrufbar.

ISBN 978-3-525-71075-3

© 2013, Vandenhoeck & Ruprecht GmbH & Co. KG, Göttingen/
Vandenhoeck & Ruprecht LLC, Bristol, CT, U.S.A.
www.v-r.de
Alle Rechte vorbehalten. Das Werk und seine Teile sind urheberrechtlich geschützt.
Jede Verwertung in anderen als den gesetzlich zugelassenen Fällen bedarf der
vorherigen schriftlichen Einwilligung des Verlages.
Printed in Germany.

Satz: SchwabScantechnik, Göttingen
Druck und Bindung: ⊕ Hubert & Co, Göttingen

Gedruckt auf alterungsbeständigem Papier.

Liebe Schülerin, lieber Schüler!

Vor euch liegt das Arbeitsheft zu eurem Lateinbuch VIVA. Es enthält zu den einzelnen Lektionen Übungen, die euch helfen können, das Gelernte zu festigen und noch weiter zu vertiefen.

Am Anfang stehen jeweils Übungen zum Wortschatz, mit denen ihr kontrollieren könnt, wie gut die Vokabeln »sitzen«. Darauf folgen unterschiedliche Aufgaben, an denen ihr die wichtigste Grammatik der Lektion üben könnt; dabei haben wir die Übungen so angeordnet, dass die leichteren am Anfang stehen und die etwas schwereren folgen. Bei Übungen, die mit * gekennzeichnet sind, müsst ihr ein bisschen knobeln, denn die sind gar nicht so einfach, aber das schafft ihr schon!

Jede Lektion endet mit einem kurzen Text, der euch einen anderen Einblick in das Leben der Familie Selicii gibt: Aus der Perspektive des Sklaven Gallus erfahrt ihr viele spannende, lustige und herzzerreißende Dinge ... Na, habt ihr Lust bekommen? Dann nichts wie los.

Ach und noch etwas: Als Einlegeblatt haben wir euch die Musterlösungen dazugegeben, damit ihr euch selbst kontrollieren könnt; nehmt sie nicht zu früh zur Hand, sondern versucht alles erst einmal selbst.

Wir wünschen euch viel Spaß!

Lektion 1

1. Gitterrätsel: Suche die lateinischen Begriffe zu folgenden deutschen Wörtern.
   ***Findest du weitere?**

D	F	E	T	I	A	M
O	T	I	B	U	S	O
M	A	C	L	R	T	V
I	B	U	P	I	M	E
N	V	R	E	P	A	C
U	E	S	S	E	I	R
S	A	N	I	M	O	D

Tochter: _____

Herr: _____

plötzlich: _____

wo: _____

Ziegenbock: _____

_____

_____

_____

2. Sortiere nach Wortarten und schreibe die Bedeutung dazu.

dominus – non – spectat – iam – hic – habitant – liberi – silentium – paret – caper – negotia

Substantiv	Verb	unveränderliches Wort

3. Substantive: Singular und Plural. Bilde die fehlende Form und übersetze.

filia – *die Tochter*	
servus	
	capri
negotium	
	dominae

4. Verben: Singular und Plural. Bilde die fehlende Form und übersetze.

exspectat – *er, sie, es wartet*	
paret	
	habitant
est	
	debent
	veniunt

5. Was zusammenpasst, ist gut! Unterstreiche die richtige Form und übersetze.

a) (Servus/Servi) non adest. _____

b) Domina (exspectat/exspectant). _____

c) Domina: »(Servus/Servi) parere debent! _____

d) Cur Gallus non (venit/veniunt)?« _____

6. Bestimme die Satzglieder und übersetze. Ordne den Sätzen ein passendes Bild zu.

a) Domina   exspectat.

_____ _____
_____

b) Servi   non parent.

_____ _____
_____

c) Placet   silentium.

_____ _____
_____

Daran erkenne ich das Subjekt: _____

Daran erkenne ich das Prädikat: _____

*7. Bilde aus den angegebenen Wörtern sinnvolle Sätze und übersetze sie:

Gallus – Gaia – Marcus – silentium – liberi – servus – filius

et – non

placere – venire – esse – debere – parere – intrare – exspectare

_____

_____

_____

*8. Da ist doch etwas durcheinandergeraten!
   Übersetze die Sätze und korrigiere sie inhaltlich (auf Deutsch oder, wenn du magst, auch auf Latein).

a) Sextus Selicius in via¹ est. _____

   → *richtig:* _____

b) Gallus dominus est. _____

   → *richtig:* _____

c) Aurelia et Paulla filiae sunt. _____

   → *richtig:* _____

d) Domini parere debent. _____

   → *richtig:* _____

e) Gallus caper est et non paret. _____

   → *richtig:* _____

1 in via: auf der Straße

Lektion 2

1. Magische Verbindung
Verbinde jedes lateinische Wort mit seiner Bedeutung und einem passenden Bild.

herba	bewegen, beeindrucken
donum	Gras, Pflanze
movere	schlagen
frumentum	Geschenk
verberare	Getreide

2. Fremdwörter
2.1 Nenne das lateinische Ursprungswort und seine Bedeutung.
*2.2 Finde heraus, was die Fremdwörter bedeuten.

a) **Intrada:** intrare: eintreten – Eröffnungssatz eines Musikstückes

b) servil: _____

c) Video: _____

d) Herbarium: _____

e) konvertieren: _____

3. Gitterrätsel: Suche aus dem Gitterrätsel die Bedeutung folgender Wörter heraus.
*Findest du weitere?

U	F	T	I	E	R	D	W
H	I	E	R	S	E	I	N
C	N	N	E	G	A	S	E
U	D	H	L	I	N	O	G
A	E	R	L	O	E	F	E
N	N	E	I	P	L	O	R
D	O	R	T	V	I	R	R
G	R	A	S	O	E	T	E

invenire: _____

etiam: _____

bestia: _____

ibi: _____

statim: _____

_____

_____

_____

4. Substantive: Nominativ oder Akkusativ – oder beides? Sortiere.

herbam – dominum – liberi – silentium – filiae – carros – herbae – dona – negotia – bestias

Nominativ	Akkusativ

Benenne, was bei der Zuordnung schwierig ist und worauf du aufpassen musst.

_____

*5. Substantive: Verwandle in den Akkusativ.

a) Marcus → _____ g) servi → _____

b) filius → _____ h) liberi → _____

c) carrus → _____ i) filiae → _____

d) herba → _____ j) domina → _____

e) bestia → _____ k) dona → _____

f) frumentum → _____ l) negotia → _____

6. Verben: Sortiere nach Singular und Plural und übersetze die Form.

movet – relinquunt – currit – vertit – dicunt – inveniunt – videt – trahunt

Singular	Plural

7. Konjugationen
7.1 Sortiere die Wörter nach Konjugationen.
***7.2 Bilde jeweils die 3. Person Singular und Plural.**

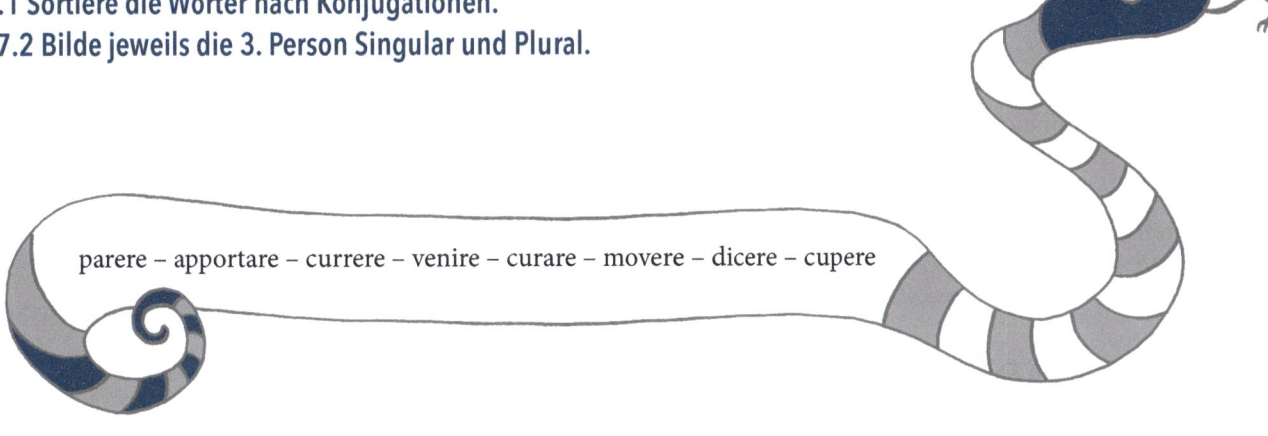

parere – apportare – currere – venire – curare – movere – dicere – cupere

a-Konjugation	e-Konjugation	i-Konjugation	kons./kurzvok. Konj.

*8. Verben: Singular und Plural
8.1 Bilde zu den Infinitiven die 3. Person Singular.

a) clamare → _____

b) videre → _____

c) curare → _____

d) venire → _____

e) currere → _____

f) dicere → _____

g) vertere → _____

h) cupere → _____

8.2 Bilde zu den Infinitiven die 3. Person Plural.

a) movere → _____

b) apportare → _____

c) videre → _____

d) invenire → _____

e) relinquere → _____

f) trahere → _____

g) cupere → _____

h) parere → _____

Lektion 2 | 11

9. Subjekt oder Objekt? Kreuze die richtige Übersetzung an.

a) Gaiam Marcus videt.
☐ Marcus sieht Gaia.
☐ Gaia sieht Marcus.

b) Gallus caprum incitat.
☐ Gallus treibt den Ziegenbock an.
☐ Der Ziegenbock treibt Gallus an.

c) Aurelia liberos exspectat.
☐ Aurelia wartet auf die Kinder.
☐ Die Kinder warten auf Aurelia.

10. Bestimme die Satzglieder und übersetze.

a) Caper — carrum — non trahit.
_____

b) Dominus — Aureliam et liberos — relinquit.
_____

c) Herbas et frumentum — dominus — apportat.
_____

*11. Schmeicheleien für die Sklavin Afra. Übersetze in deinem Heft.

Die Sklavin aus dem Nachbarhaus versteht sich gut mit Gallus. Doch auch sie gerät öfter einmal in Schwierigkeiten. Gerade hat Sextus Selicius Comis es sich in seinem Haus bequem gemacht und will lesen, als ihn plötzlich lautes Geschrei stört.

Sextus Selicius foras[1] currit. Ibi Gallum et Aureliam et liberos videt.

2 Familia[2] servam[3] Afram in arbore[4] videt.

Sextus Selicius: »Cur serva[3] in arbore[4] est? Afra parere debet!«

4 Aurelia: »Afram verberare potes[5].«

Sextus: »Alienam[6] servam[3] verberare non licet.

6 Marcus: »Gallus fortasse[7] blanditias[8] dicere debet.«

Gallus erubescit[9] et familiam[2] relinquit. Liberi rident[10].

1 foras: nach draußen
2 familia: *Erschließe aus dem Deutschen*
3 serva: *weibl. Form zu* servus
4 in arbore: auf einem Baum
5 potes: *hier:* du könntest
6 aliena: fremd
7 fortasse: vielleicht
8 blanditiae: Schmeicheleien
9 erubescere: rot werden
10 ridere: lachen

Lektion 3

*1. Löse das Gitterrätsel.

1. Akkusativ Plural von »Getreide«
2. Imperativ Plural von »betrachten«
3. Vokativ Singular von »Sklave«
4. Nominativ Plural von »Sklavin«
5. 3. Person Plural von »verkaufen«
6. Imperativ Singular von »aufhören«
7. Akkusativ Singular maskulinum von »unglücklich, ungerecht«
8. 3. Person Singular von »hören«
9. Nominativ Singular von »Nahrung«

2. Imperativ Singular und Plural: Bilde die fehlenden Formen und übersetze.

specta! – *schau hin!*	
	apportate!
eme!	
	audite!
	este!

3. Imperative: Welche Form passt nicht? Begründe deine Auswahl.

a) es – eme – tolera – venite: _____

b) habita – dona – exspecta – intra: _____

c) curre – serve – desine – erra: _____

d) tacere – pare – errare – vendere: _____

e) probi – boni – veni – multi: _____

4. Nominativ und Akkusativ: Bilde die entspechenden Formen.

Nominativ Sg.	Akkusativ Sg.	Nominativ Pl.	Akkusativ Pl.
a) fortuna			
b) cibus			
c) verbum			
d) puella			
e) puer			

5. Bestimme KNG und ergänze die passende Form des Adjektivs.

a) familia bon_____   c) servos pulchr_____

b) puellas iniqu_____   d) dona mult_____

6. KNG: Verbinde die zusammengehörigen Formen.

a) servi   1) iniquos

b) puellas   2) mala

c) capri   3) boni

d) dominos   4) pulchri

e) negotia   5) miseras

14 | Lektion 3

7. Bestimme die Satzglieder und übersetze.

a) Multi   viri   servos   vendunt.

Subjekt (mit Attribut: multi) _____ _____

_____

b) Dominus   ancillam   pulchram   emit.

_____ _____ _____

_____

c) Liberi   multa   dona   cupiunt.

_____ _____ _____

_____

*8. Richtig oder falsch? Kreuze an.

	richtig	falsch
a) Sextus Selicius dona emit.	☐	☐
b) Aurelia fortunam miseram tolerare debet.	☐	☐
c) Gallus servus est.	☐	☐
d) Gaia et Paulla filiae bonae sunt.	☐	☐
e) Marcus dona multa cupit.	☐	☐

*9. Eine neue Sklavin ... Übersetze in deinem Heft.

Gallus erfährt, dass sein Herr eine neue Sklavin kauft. Er überlegt:

»Cur dominus novam¹ ancillam emit? Cur probam ancillam emere necesse

2 est? ... Galle, fortunam tolera et pare!

Sed fortasse² nova¹ ancilla pulchra est ... Ecce, familia venit.«

4 Sextus et Aurelia et liberi veniunt et Marcus clamat: »Galle, veni! Nova¹ ancilla

te³ videre cupit. Vere pulchra puella est et certe negotia curat.«

6 Gallus domum⁴ relinquit et foras⁵ currit. Flores⁶ apportat et multa verba non

iam audit. Puellam probam et pulchram videt et erubescit⁷.

1 novus, a, um: neu
2 fortasse: vielleicht
3 te: dich
4 domum *(Akk. Sg.):* das Haus
5 foras: nach draußen
6 flores *(Akk. Pl.):* Blumen
7 erubescere: rot werden

Lektion 4

1. Magische Verbindung
Verbinde jedes lateinische Wort mit seiner Bedeutung und einem passenden Bild.

timere	singen
dare	fröhlich
immolare	sich fürchten
flere	geben
cantare	groß
laetus	weinen
magnus	opfern

2. Fremdwörter
2.1 Nenne das lateinische Ursprungswort und seine Bedeutung.
*2.2 Finde heraus, was die Fremdwörter bedeuten.

a) statisch: _____

b) viril: _____

c) Toleranz: _____

d) verbal: _____

3. Sortiere nach Wortarten und gib die Bedeutung an.

timere – pacem – in – placant – hostias – imperator – per – tolerat – sacerdotem – venit – ad

Verb	Substantiv	Präposition

4. Bilde die Grundform und ordne nach Deklinationen. Gib auch die Bedeutung an.

fratres – pacem – hostias – sacerdos – campi – turbas – deos – fortunae – hominem – dona

a-Deklination	o-Deklination	3. Deklination

5. Ergänze die fehlenden Formen.

Nominativ Sg.	Akkusativ Sg.	Nominativ Pl.	Akkusativ Pl.
soror			
	patrem		
		sacerdotes	
			carmina

6. Bestimme die Formen nach KNG und ordne dann ein passendes Adjektiv zu.

a) herbae (KNG: _____)   1) iniqua (KNG: _____)

b) deos (KNG: _____)   2) magnos (KNG: _____)

c) domina (KNG: _____)   3) bonae (KNG: _____)

d) sorores (KNG: _____)   4) multi (KNG: _____)

e) carmina (KNG: _____)   5) miserum (KNG: _____)

f) fratrem (KNG: _____)   6) magnas (KNG: _____)

g) homines (KNG: _____)   7) laeta (KNG: _____)

7. Bestimme die Satzglieder und übersetze.

a) Caper　　　　　　　　　　per campum　　　currit.

_____　　　　　　_____　　　_____

_____

b) Caper　　　　　　　　　　ad servum　　　　venit.

_____　　　　　　_____　　　_____

_____

c) Servus　　caprum　　　　in stabulum[1]　　trahit.

_____　_____　　　　_____　　　_____

_____

1 stabulum: Stall

*8. Ergänze eine passende Präposition und übersetze.

a) Marcus et Paulla _____ campum currunt.

_____

b) Augustus _____ aram stat et hostias immolat.

_____

c) Puella hostias videt et _____ campum _____ matrem currere cupit.

_____

d) Marcus et turba magna _____ hostias stant et orant[1]: »Dei, pacem date!«

_____

1 orare: beten

*9. Gallus und Asia nachts unterwegs …
9.1 Lies den Text zweimal durch und male ein kleines Bild zur Handlung.
9.2 Übersetze in deinem Heft.

Auch Gallus und Asia haben sich heimlich aus dem Haus geschlichen, um beim Opfer dabei zu sein.

Gallus et Asia per vias[1] currunt. Asia timet, quia[2] nox obscura est; tum Gallus carmen pulchrum cantat. Etiam Asia carmina cantat et non iam timet. Laeta est.

Nunc ad Campum Martium veniunt.

5 Gallus: »Desine cantare et tace! Ecce sacerdotes!«

Asia tacet et spectat: Sacerdotes et magnus vir ad aram veniunt.

Gallus: »Ecce, imperator Augustus! Fortunam bonam et pacem nobis[3] dat. Probus imperator est.«

Asia hostias videt: Oves[4] et caprae[5] ad aram stant.

10 Tum sacerdotes hostias immolant et Augustus deos implorat.

Nunc Asia flet et non iam laeta est.

Asia: »Viri iniqui miseras bestias immolant!«

Gallus Asiam placare studet[6] et puellam domum ducere[7] cupit.

Sed Asia flet et flet. Tum Gallus flores carpit[8] et puellae[9] dat.

15 Nunc Asia iterum[10] laeta est et flere desinit.

1 **via:** Straße
2 **quia nox obscura est:** weil es dunkle Nacht ist
3 **nobis:** uns
4 **ovis:** Schaf
5 **capra:** *Femininum* zu caper
6 **studere:** sich bemühen
7 **domum ducere:** nach Hause führen
8 **flores carpere:** Blumen pflücken
9 **puellae:** dem Mädchen
10 **iterum:** wieder

Lektion 5

1. Silbenrätsel: Kombiniere die Silben zu Wörtern und ordne sie den richtigen lateinischen Wörtern zu.

| an | chen | fan | fer | ge | geg | gen | groß | grü | kör | lie | ner |
| op | per | recht | ren | ßen | ter | tier | un | va | ver | zei |

avus: _____

salutare: _____

amittere: _____

corpus: _____

iniquus: _____

hostia: _____

incipere: _____

adversarius: _____

signum: _____

2. Wähle eine passende Bedeutung von *petere* und übersetze.

a) Asia donum petit. _____

b) Gallus Campum Martium petit. _____

c) Adversarii pacem petunt. _____

d) Lydus adversarium dolo petit. _____

3. Mit wem ist Gaia beim Gladiatorenkampf? Bilde die passende Form im Ablativ.

a) cum _____ (avus)   e) cum _____ (multi homines)

b) cum _____ (turba magna)   f) cum _____ (multi liberi)

c) cum _____ (frater)   g) cum _____

d) cum _____ (multae puellae) h) cum _____

*4. Formenschlange: Verwandle.

a) hora → Akk. _____ → Abl. _____ → Pl. _____

b) vocem → Nom. _____ → Pl. _____ → Abl. _____

c) campos → Abl. _____ → Nom. _____ → Sg. _____

d) signum → Pl. _____ → Abl. _____ → Sg. _____

e) vi → Nom. _____ → Akk. _____ → Pl. _____ → Abl. _____

5. Detektiv: Finde alle Formen, die (auch) Ablativ sein können.

a) corporibus – homines – viri – adversario – pugna – desine – sorore – vi

b) quia – donis – vocem – puellis – imperatore – gaudete – hora

6. KNG: Verbinde die zusammengehörigen Formen.

a) imperatoribus   1) magna

b) ancilla   2) toto

c) vires   3) miseri

d) viri   4) pulchra

e) carmine   5) magnae

f) pace   6) malis

7. Wo oder wohin? Entscheide und übersetze.

a) Liberi (in Campum Martium/in Campo Martio) stant.

_____

b) Adversarii (in arenam[1]/in arena[1]) veniunt.

_____

c) Nunc Lydus (in arenam[1]/in arena[1]) iacet.

_____

1 arena: Arena

8. Bestimme die Satzglieder und übersetze.

a) Liberi   cum avo   pugnam   exspectant.

_____   _____   _____   _____

_____

b) Septima¹ hora   pugna   incipit.

_____   _____   _____

_____

c) Gaia   *gladiatorem*   multis verbis   incitat.

_____   _____   _____   _____

_____

1 septimus, a, um: siebte(r)

9. Viele Funktionen
9.1 Unterstreiche die Ablativ-Ausdrücke und übersetze.
*9.2 Benenne auch ihre Funktion.

a) Marcus <u>Abl. Sociativus
cum patre</u> in circo¹ stat et *gladiatores* salutat.

_____

b) Septima² hora imperator intrat et populus gaudet.

_____

c) Tum *gladiatores* cum gladiis pugnant.

_____

d) Lydus toto corpore trepidat³ et ex arena⁴ currere cupit.

_____

1 circus: Zirkus *(gemeint ist der Circus Maximus in Rom)* – **2 septimus,** a, um: siebte(r) – **3 trepidare:** zittern – **4 arena:** Arena

*10. Gallus und Asia bei den Spielen …
10.1 Lies den Text zweimal durch und fasse zusammen, was du schon verstanden hast.
10.2 Übersetze in deinem Heft.
10.3 Erkläre Asias Verhalten.

Gallus und Asia haben frei. Sie verbringen den Tag im Zirkus und schauen sich die Gladiatorenspiele an.

Gallus cum Asia in Campo Martio est. Nam[1] Augustus semper multos servos ex *Africa* emit et in arenam[2] mittit[3].

Nunc populus laetus novos[4] *gladiatores* exspectat. Etiam Gallus gaudet, quia et Asia puella pulchra adest.

5 Tandem adversarii arenam[2] intrant et turbam et imperatorem salutant: »Ave, Caesar, morituri te salutant[5]!«

Turba magna voce clamat: »Desinite timere et pugnate tandem!«

Homines miseri armis pugnare incipiunt.

Asia pugnam spectat, toto corpore trepidat[6], flere incipit.

10 Gallus autem *gladiatores* incitat; Asiam non audit.

Asia flet et flet. Pugna ei[7] non placet.

Subito alius[8] *gladiator* alium[8] gladio petit et vulnerat[9].

Nunc Asia non iam flet, sed gaudet, pugna placet.

»Victor[10] frater meus[11] est! Dei, donum accipite, quia frater non in arena[2] iacet,

15 sed vivit[12].«

---

1 nam: denn
2 arena: Arena
3 mittere: schicken
4 novus, a, um: neu
5 Ave, Caesar, morituri te salutant: Sei gegrüßt, Caesar, die Todgeweihten grüßen dich!
6 trepidare: zittern
7 ei: ihr
8 alius alium: der eine den anderen
9 vulnerare: verwunden
10 victor: Sieger
11 meus, a, um: mein
12 vivere: leben

Lektion 6

1. Gitterrätsel: Suche die deutsche Bedeutung folgender lateinischer Begriffe.
  *Findest du weitere?

O	K	A	M	P	F	O
Z	N	A	G	L	P	S
L	R	B	K	F	T	P
I	C	H	E	L	L	I
E	O	R	I	W	J	E
W	N	V	N	O	V	L
N	N	A	M	E	H	E

maritus: _____

tam: _____

quod: _____

clarus: _____

ludus: _____

_____

2. Fremdwörter
2.1 Nenne das lateinische Ursprungswort und seine Bedeutung.
***2.2 Finde heraus, was die Fremdwörter bedeuten.**

a) poetisch: _____

b) egoistisch: _____

c) resistent: _____

d) vitalisierend: _____

e) populär: _____

3. Immer wieder KNG: Verbinde die zusammengehörigen Formen.

a) sacrificia   1) pulchrum

b) uxorem   2) clarus

c) vires   3) nulla

d) homines   4) magnas

e) corpus   5) pulchram

f) poeta   6) miseros

4. KNG: Kreuze an, welches Substantiv zum Adjektiv in der ersten Spalte passt.
Achtung: Manchmal passen mehrere!

	fratres	vitae	marito	homo	corpus	uxores	poeta
a) magni							
b) misero							
c) miserae							
d) pulchrum							
e) laetus							

*5. Formenschlangen! Verwandle.

a) delectamus → Sg. _____ → 3. Pers. _____ → Pl. _____

→ 2. Pers. _____ → Imperativ _____

b) iaces → 1. Pers. _____ → 3. Pers. _____ → Pl. _____

→ 2. Pers. _____ → Imperativ _____ → Sg. _____

c) amittunt → 1. Pers. _____ → Sg. _____ → 2. Pers. _____

→ 3. Pers. _____

d) sum → 3. Pers. _____ → Pl. _____ → 1. Pers. _____

→ 2. Pers. _____ → Sg. _____ → Imperativ _____

6. Formen bestimmen: Kreuze an und übersetze.

	Singular			Plural			Übersetzung
	1.	2.	3.	1.	2.	3.	
a) clamas							
b) sumus							
c) gaudeo							
d) cantatis							
e) incipio							
f) trahunt							
g) pugno							
h) fles							

7. Ich und du: Ordne die Formen dem passenden Personalpronomen zu und übersetze.

audimus – immolas – salutatis – spectamus – cupio – moves – habito – datis

ego	
tu	
nos	
vos	

8. Frage und Antwort. Übersetze die Fragen und erkläre, welche Antwort erwartet wird.

a) Vosne in Campum Martium currere cupitis? _____

b) Num vos sacrificia delectant? _____

c) Nonne nova[1] carmina Horatii[2] audire cupitis? _____

1 novus, a, um: neu – **2 Horatii:** von Horaz (Genitiv)

*9. Asia ist traurig
9.1 Lies die Überschrift und überlege, was Gallus tun könnte.
9.2 Übersetze in deinem Heft.

Gallus Asiam maestam[1] videt: Sub[2] arbore[3] sedet[4] et flet.

Gallus ad arborem[3] currit et dicit: »Ego non laetus sum, quia tu laeta non es.

Fabulamne[5] audire cupis?«

Sed Asia tacet et nulla verba dicit.

5 »Cupisne mecum in forum[6] currere et donum emere?« Sed iterum Asia tacet.

»Fortasse ludus te delectat. Te linguam Latinam[7] doceo[8]. Audi: Amo[9], amas,

amat, amamus, amatis, amant.«

Asia non solum flere desinit, sed etiam verbis gaudet.

Asia: »Amo, amas, amat, amamus, amatis, amant.«

10 Nunc Gallus gaudet: »Nunc audi: Ego te amo, tu me amas.«

Subito Marcus venit et magna voce clamat: »Gallus Asiam amat!

Gallus Asiam amat!«

1 maestus, a, um: traurig
2 sub: unter
3 arbor: Baum
4 sedere: sitzen
5 fabula: Geschichte
6 forum: Forum, Markt
7 lingua Latina: die lateinische Sprache; Latein
8 docere: lehren, beibringen
9 amare: lieben

Lektion 7

1. Gitterrätsel: Suche die deutsche Bedeutung folgender lateinischer Begriffe.
   *Findest du weitere?

M	R	U	F	E	N	N	L
O	H	D	O	F	V	N	N
W	A	S	S	E	R	I	N
A	J	O	Z	U	L	W	A
R	R	E	U	E	M	E	D
E	D	N	A	R	B	G	N
N	I	E	D	F	R	A	U

mulier: _____

incendium: _____

vester: _____

atque: _____

annus: _____

_____

2. Gegenteile: Suche einen Gegenbegriff.

flamma	
fortuna	
silentium	
emere	
uxor	
vir	

3. Leicht zu verwechseln!
   Notiere, mit welcher Vokabel man die angegebenen Begriffe leicht verwechseln kann und gib die deutschen Bedeutungen an.

lat. Wort	dt. Bedeutung	leicht zu verwechseln mit	dt. Bedeutung
vis			
ab			
cur			
frater			
magnus			
nos			
placere			

4. Formen bilden mit System: Fülle die Tabelle aus.

Nom. Sg.	filius	sacrificium	flamma	mulier
Gen. Sg.				
Akk. Sg.				
Abl. Sg.				
Nom. Pl.				
Gen. Pl.				
Akk. Pl.				
Abl. Pl.				

5. Genitiv, das ist nicht schwer: Übersetze die Ausdrücke.

a) clamor servorum _____

b) caper familiae _____

c) signum imperatoris _____

d) miseria ancillae _____

e) ludi liberorum _____

6. Genitiv-Detektiv: Welche Form kann (auch) Genitiv sein?

a) viri – uxorem – poetarum – ludos – homines – gladius – iuvant

b) auxilium – clamoris – salutes – magnorum – state – sororis – voces

*7. Formenschlange: Verwandle.

a) sacrificium → Gen. _____ → Pl. _____

   → Akk. _____ → Abl. _____

b) clamor meus → Akk. _____ → Pl. _____

   → Gen. _____ → Sg. _____

c) mulier pulchra → Akk. _____ → Abl. _____

   → Pl. _____ → Gen. _____

8. KNG: Kreuze an, welches Substantiv zum Adjektiv in der ersten Spalte passt. Achtung: Manchmal passen mehrere!

	anni	clamore	salutis	aquae	clamores	mercibus
a) meo						
b) bonae						
c) nostris						
d) boni						
e) vestros						

9. Übersetze. Achte dabei besonders auf das Reflexivpronomen.

a) Marcus suum patrem iuvat. _____

b) Aurelia suam ancillam exspectat. _____

c) Gallus et Asia suis donis gaudent. _____

d) Caper herbas suas cupit. _____

*10. Gallus und Asia machen einen Ausflug in die Subura ...
10.1 Lies den Text zweimal durch und fasse zusammen, was du schon verstanden hast.
10.2 Übersetze in deinem Heft.
10.3 Erkläre Gallus' Gefühle am Schluss.

Gallus et Asia in Suburam veniunt et multas tabernas spectant.

Multi homines adsunt, magnus clamor est, quia mercatores merces vendere

cupiunt. Multi carri frumentum et alios[1] cibos apportant, quod Roma multos

homines alere[2] debet.

5 Mercator clamat: »Emite panem[3] meum. Optimus[4] panis[3] urbis[5] est!« Iterum

atque iterum vocat, sed nemo[6] panem[3] emit.

Alius[1] mercator vinum[7] vendere cupit. Ibi Sextus dominus stat et vina[7] gustat[8].

Subito Gallus et Asia clamorem virorum audiunt: »Flammae! Flammae!

Taberna mercatoris ardet!« Gallus statim hamam[9] apportat et aquam in

10 flammas fundit. Flammas vincit!

Multi homines plaudunt[10] et Asia dicit: »Tu vir fortissimus[11] meus es!« Gallus

laetus est.

1 alius, a, um: andere(r)
2 alere: ernähren
3 panis, is *m.*: Brot
4 optimus, a, um: der, die, das beste
5 urbs, urbis *f.*: Stadt
6 nemo: niemand
7 vinum, i: Wein
8 gustare: probieren
9 hama, ae: Eimer
10 plaudere: klatschen
11 vir fortissimus: Held

Lektion 8

1. Ordne folgende Wörter den drei Sachfeldern zu.

clamor – ara – pecus – asinus – taberna – immolare – hostia – mercator – hortus – herba – sacerdos – incendium – frumentum – populus – deus

Stadt	Land	Religion

2. Fremdwörter
2.1 Nenne das lateinische Ursprungswort und seine Bedeutung.
*2.2 Finde heraus, was die Fremdwörter bedeuten.

a) Misere: _____

b) maximal: _____

c) Bonus: _____

3. Mutter Latein und ihre Töchter!
Viele Wörter der romanischen Sprachen stammen vom Lateinischen ab.
Nenne den lateinischen Ursprung und die deutsche Übersetzung.

Italienisch	Französisch	Spanisch	Latein	Deutsch
popolo	peuple	pueblo		
uomo	homme	hombre		
vedere	voir	ver		
buono	bon	bueno		

4. Formen bilden mit System: Fülle die Tabelle aus.

Nom. Sg.	asinus			corpus
Gen. Sg.		herbae		
Dat. Sg.				
Akk. Sg.			incendium	
Abl. Sg.				
Nom. Pl.				
Gen. Pl.				
Dat. Pl.				
Akk. Pl.				
Abl. Pl.				

5. Wem kauft Großvater Geschenke? Male alle Geschenke mit Dativ-Formen aus.

equo · mercatoris · poetarum · capio · uxori

pecoris · liberis · pacem · sorore · filiae

ancillas · nobis · dicitis · mulieribus · adversarii

populi · patres · asinis · turbas · tibi

6. KNG: Kreuze an, welches Substantiv zum Adjektiv in der ersten Spalte passt.
Achtung: Manchmal passen mehrere!

	patres	equi	mulieres	fratri	sororis	paci
a) nostri						
b) meo						
c) vestros						
d) bonae						
e) laetas						

7. Formenschlange. Verwandle.

potes → Pl. _____ → 3. Pers. _____ → 1. Pers. _____

→ Sg. _____ → 3. Pers. _____ → 2. Pers. _____

*8. Gallus träumt
8.1 Lies den Text zweimal durch und fasse zusammen, was du schon verstanden hast.
8.2 Übersetze in deinem Heft.

Erschöpft von seinen Heldentaten liegt Gallus im Schatten und ruht sich aus. Schon fallen ihm die Augen zu …

»Subito in arena[1] sum et cum multis *gladiatoribus* ante[2] Augustum

imperatorem sto et clamo: ›Ave[3], Caesar, morituri[4] te salutant!‹

Iuxta[5] imperatorem Asia est et mihi clandestina[6] signa dat. Ludi *gladiatorum*

Asiae placent: Mihi plaudit[7].

5 Augustus nobis signum dat et armis pugnare incipimus. Magnis viribus pugno

et adversario pugnam probam praebeo. Sed adversarium capere non possum,

quia fugit[8]. Populus nos incitat et clamat: ›*Gladiatoribus* fugere[8] non licet.

Pugnate et properate!‹

Nunc oculos[9] meos ad Augustum verto et Asiam quaero. Sed Asia non iam

10 apud[10] imperatorem est.

Subito dolorem[11] sentio[12] … et somno excitor[13].

Caper me capit et ego magna voce clamo.«

1 **arena**, ae: Arena
2 **ante** *(+ Akk.):* vor
3 **ave**: sei gegrüßt
4 **morituri**: die Todgeweihten
5 **iuxta** *(+ Akk.):* neben
6 **clandestinus**, a, um: geheim
7 **plaudere**: applaudieren
8 **fugere**: fliehen
9 **oculus**, i: Auge
10 **apud** *(+ Akk.):* bei
11 **dolor**, doloris *m.*: Schmerz
12 **sentire**: fühlen
13 **somno excitor**: ich wache auf

Lektion 9

1. Silbenrätsel: Kombiniere die Silben zu Wörtern und ordne sie den richtigen lateinischen Wörtern zu.

| ant | be | be | ben | chen | chen | er | en | feh | fer | freu | ge | ge | hor |
| keit | len | len | lie | ma | schlie | schrei | spie | ßen | tap | ten | wor |

iubere: _____

ludere: _____

parere: _____

censere: _____

virtus: _____

amare: _____

facere: _____

respondere: _____

iuvare: _____

clamor: _____

2. Keine Zeit?
Suche alle Wörter heraus, die etwas mit Zeit zu tun haben. Notiere ihre Bedeutung.

nam – tamen – diu – denique – magis – annus – iterum – quia – hora – cum – hodie – campus – trahere – statim – ubi

_____

_____

3. Akkusativ-Detektiv: Suche alle Akkusative heraus (die Anfangsbuchstaben ergeben ein Lösungswort).

annos – servis – carri – uxores – puella – deos – imperatorem – pecori – Romanam – equos

Lösungswort: _____

4. So viele Tiere ...
Markiere den AcI mit einer Klammer und übersetze.

a) Marcus equum per hortum properare videt.
___

b) Paulla papiliones¹ per prata² volare³ videt.
___

c) Avus asinum petroselinum⁴ petere non videt.
___

d) Avus asinum semper parere debere censet.
___

1 papilio, papilionis *m.:* Schmetterling – **2 pratum,** i: Wiese – **3 volare:** fliegen – **4 petroselinum,** i: Petersilie

5. »Kinderarbeit«
AcI – ja oder nein? Entscheide und übersetze.

a) Liberi ludere cupiunt.
___

b) Sed avus liberos laborare cupit.
___

c) Liberi frumentum apportare debent, ludere non possunt.
___

d) Sed asinum herbas amare vident.
___

e) Bestiam per campum currere gaudent.
___

6. Viele Verbindungen
Bilde mindestens vier verschiedene AcIs und übersetze die entstandenen Sätze.

| Marcus | dicit
gaudet | servum
asinum | ludere
ad hortum properare
laborare
parere
bestiam verberare
cibum apportare | (debere)
(posse) |

_____

_____

_____

_____

*7. Die Kinder auf dem Land! Forme die wörtliche Rede in einen AcI um und übersetze.

a) Sextus Selicius dicit: »Liberi in villa[1] avi sunt.«

_____

b) Aurelia putat: »Silentium marito placet.«

_____

c) Avus putat: »Liberi parere debent.«

_____

d) Sed avus videt: »Liberi non parent.«

_____

e) Paulla gaudet: »Ludus delectat.«

_____

1 **villa,** ae: Landhaus

*8. Phaeton und der Sonnenwagen
8.1 Lies den Text zweimal durch. Male ein Bild mit dem, was du schon verstanden hast.
8.2 Übersetze in deinem Heft.

Asia libenter fabulas[1] audit; itaque Gallus fabulam[1] narrare[2] incipit:

Phaethon[3], filius Solis[4], cum amicis[5] ludit. Subito unus ex eis[6] dicit: »Non filius

Solis[4] es, sed pater tuus ignotus[7] est. Nothus[8] es!«

Itaque Phaethon[3] ad Solem[4] properat et rogat: »Amici[5] dicunt

5 te patrem meum non esse. Si pater meus es, da mihi currum[9] tuum!«

Sed pater respondet: »Certe pater tuus sum et te amo. Sed, quaeso[10], alium[11]

donum pete! Currum[9] regere[12] non potes. Nam constat equos deo parere

debere; sed puto equos tibi non parere.«

Tamen Phaethon[3] currum[9] ascendit[13]. Gaudet equos celeriter[14] currere. Sed

10 quia equi non parent, Phaethon[3] denique e curru[9] praecipitat[15] et mortuus est.

1 **fabula,** ae: Geschichte
2 **narrare:** erzählen
3 **Phaeton:** *(sterblicher) Sohn des Sonnengottes*
4 **Sol,** Solis *m.*: Sonne(ngott)
5 **amicus,** i: Freund
6 **unus ex eis:** einer von ihnen
7 **ignotus,** a, um: unbekannt
8 **nothus:** Bastard *(Schimpfwort für uneheliche Söhne)*
9 **currus:** Wagen *(der Sonnengott fuhr mit einem goldenen Wagen, gezogen von feurigen Pferden, über die Himmelsbahn)*
10 **quaeso:** bitte
11 **alius,** a, um: ein anderer
12 **regere:** lenken
13 **ascendere:** einsteigen in
14 **celeriter** *(Adv.)*: schnell
15 **praecipitare:** kopfüber herausstürzen

Lektion 10

1. Gitterrätsel: Suche die lateinischen Begriffe zu folgenden deutschen Wörtern.
*Findest du weitere?

D	A	I	N	U	C	E	P
V	A	R	I	U	S	S	A
E	T	O	S	G	U	U	N
R	Q	U	I	D	N	R	I
G	U	M	I	F	G	A	S
O	E	P	M	A	I	C	N
M	U	R	O	F	D	S	A
C	H	E	R	E	N	O	M

teuer, lieb: _____

Marktplatz: _____

Brot: _____

Geld: _____

würdig: _____

_____

_____

2. Sprachenkenner
Viele Wörter der romanischen Sprachen stammen aus dem Lateinischen.
Nenne den lateinischen Ursprung und die deutsche Übersetzung.

Italienisch	Französisch	Spanisch	Latein	Deutsch
prezzo	prix	precio		
caro	cher	caro		
pane	pain	pan		
nuovo	nouveau	nuevo		

3. KNG mit »is, ea, id«
Ordne jedem Substantiv eine passende Form von »is, ea, id« zu.

mercatoribus   eum

dominae   earum

capros   eius

flammas   eos

virtutum   iis

panem   eas

*4. Formenschlange: Verwandle.

a) is hortus → Abl. _____ → Gen. _____

→ Pl. _____ → Akk. _____

b) ea taberna → Dat. _____ → Akk. _____

→ Pl. _____ → Nom. _____

c) id ornamentum → Gen. _____ → Abl. _____

→ Pl. _____ → Nom. _____

5. Dativus possessivus: Übersetze.

a) Avo pulchrum petroselinum[1] est. _____

b) Asino et capro magnum stabulum[2] est. _____

c) Aureliae multae ancillae sunt. _____

1 petroselinum, i: Petersilie – **2 stabulum,** i: Stall

6. Auf dem Markt – nochmal AcI
Markiere den AcI mit einer Klammer, unterstreiche Subjektsakkusativ und Prädikatsinfinitiv und übersetze.

a) Marcus videt patrem novam togam emere.

_____

b) Aurelia gaudet mercatorem varias vestes vendere.

_____

c) Gaia Aureliam etiam ornamentum pulchrum emere videt.

_____

d) Sextus uxorem ornamentum carum emere non gaudet.

_____

*7. Auf dem Markt
7.1 Lies den Text zweimal durch und fasse zusammen, was du schon verstanden hast.
7.2 Male ein Bild mit dem, was du schon verstanden hast.
7.3 Übersetze in deinem Heft.
7.4 Beschreibe das Verhältnis des Mannes zu seinem Vater.

Auf dem Heimweg vom Markt beobachten Gallus und Asia folgende Szene:

Eques Romanus cum uxore liberisque per vias[1] properat: »Venite ad eam tabernam et emite novas vestes! Pater meus in urbem[2] venire cupit. Ei magna pecunia est. Sed mulieres vestes caras cum ornamentis habere non cupit. Itaque vestes simplices[3] emite!«

5 Gallus et Asia rident[4], quia equitem patrem fallere[5] cupere intellegunt. Subito vir e taberna alia currit et equiti pecuniam eius rapit[6]. Eques clamat: »Vae[7] mihi! Is fur[8] est. Totam pecuniam meam habet! Comprehendite eum!«

Sed fur[8] celeriter[9] currit et in Suburam properat. Nemo[10] furem[8] capere potest.

10 Eques flere incipit et clamat: »Pater meus certe me verberat, non quia multam pecuniam amisi[11], sed quia uxor mea et liberi mei eas caras vestes habent!«

1 **via**, ae: Straße
2 **urbs**, urbis *f.*: Stadt
3 **simplices** *(Akk. Pl. zu* simplex*)*: einfach
4 **ridere**: lachen
5 **fallere**: täuschen
6 **rapere**: rauben
7 **Vae**: Wehe
8 **fur**, furis *m.*: Dieb
9 **celeriter** *(Adv.)*: schnell
10 **nemo**: niemand
11 **amisi**: ich habe verloren

Lektion 11

1. Fremdwörter
1.1 Nenne das lateinische Ursprungswort und seine Bedeutung.
*1.2 Finde heraus, was die Fremdwörter bedeuten.

a) konservativ: _____

b) Demonstration: _____

c) Tradition: _____

d) Simulator: _____

e) Abitur: _____

2. Bilde die Grundform und gib die Bedeutung an.

a) idoneas		
b) resistunt		
c) iubet		
d) virginem		
e) gaudiis		
f) iram		
g) laborate		
h) reprehendo		
i) pecoribus		
j) ludo		
k) amittimus		
l) populorum		
m) campi		
n) desinite		

3. Sortiere die angegebenen Substantive nach Kasus und Numerus. Achtung: Einige Formen sind mehrdeutig und müssen in mehrere Kästen einsortiert werden.

fabularum – virginum – regum – horti – pretia – foris – panem – togae – vestis – officium – equus – miserias

	Nominativ	Genitiv	Dativ	Akkusativ	Ablativ
Sg.					
Pl.					

4. Wer ist gemeint?
Markiere den AcI mit einer Klammer und übersetze.

a) Asia dicit se bonam ancillam esse.

_____

b) Aurelia gaudet eam officia facere.

_____

c) Sextus se bonum patrem esse putat.

_____

d) Sed avus eum patrem bonum et severum[1] non esse putat.

_____

e) Sed liberi sibi patrem severum[1] esse dicunt.

_____

1 **severus,** a, um: streng

5. Viele Verbindungen
Bilde mindestens vier verschiedene AcIs und übersetze die entstandenen Sätze.

| Domina | dicit
iubet | ancillam
eam
se | vestes pulchras emere
ornamenta non invenire
ad forum ire
panem emere
pecuniam mercatori tradere
ornamenta quaerere |

_____

_____

_____

_____

*6. AcIs bilden. Mache die Aussagesätze abhängig von »Remus dicit« und übersetze dann:

a) Remus verbis fratris non paret. Remus dicit _____

_____

b) Romulus murum[1] non altum aedificat[2]. _____

_____

c) Remus novum murum[1] transire[3] potest. _____

_____

d) Romulus iratus[4] est. _____

_____

1 murus, i: Mauer – **2 aedificare:** bauen – **3 transire:** überspringen; springen über – **4 iratus,** a, um: zornig

*7. Richtig oder falsch? Kreuze an.

	richtig	falsch
a) Asinus Romulum et Remum invenit.	☐	☐
b) Rhea Silvia mater puerorum est.	☐	☐
c) Iuppiter pater Romuli est.	☐	☐
d) Remus duodecim aves[1] videt.	☐	☐
e) Dei Romulo regnum dant.	☐	☐

1 duodecim aves: *(Nom. und Akk. Pl. f.):* zwölf Vögel

*8. Der Hirte Faustulus
8.1 Lies den Text zweimal durch und fasse zusammen, was du schon verstanden hast.
8.2 Übersetze in deinem Heft.

Asia und Gallus haben dem Spiel der Kinder zugesehen. Weil Asia nicht verstanden hat, wie Romulus und Remus gerettet werden konnten, erzählt Gallus ihr diesen Teil der Geschichte ausführlicher.

Faustulus pastor[1] est et cum uxore in silvis[2] vitam agit.

Faustulus et uxor sibi liberos non esse dolent[3]. Pastor[1] saepe[4] per silvam[2] it et

herbas quaerit. Etiam hodie in silva[2] est et ad flumen Tiberim[5] venit.

Subito clamorem puerorum audit: Lupam[6] ad liberos currere videt. Iam eos

5 servare cupit, quia putat lupam[6] eos necare. Sed res miras[7] spectat: Lupa[6] filios

Rheae Silviae Martisque adit – et nutrit[8]. Pueri flere desinunt et somnum[9]

capiunt et lupa[6] abit.

Statim Faustulus pueros adit et domum[10] apportat. Gaudium uxoris magnum

esse constat. Iterum atque iterum clamat: »Pueri donum deorum sunt. Pueri

10 donum deorum sunt.«

Diu Faustulus et uxor cum pueris in silvis[2] vitam agunt; liberi adolescunt[11];

semper deum Martem colunt[12], quamquam se filios Martis et Rheae Silviae

esse ignorant.

1 pastor, pastoris *m.*: Hirte
2 silva, ae: Wald
3 dolere: bedauern; traurig sein
4 saepe *(Adv.)*: oft
5 Tiberis, is: Tiber *(Fluss, der durch Rom fließt)*
6 lupa, ae: Wölfin
7 res miras *(Akk.)*: etwas Komisches
8 nutrire: säugen, ernähren
9 somnus, i: Schlaf
10 domum: nach Hause
11 adolescere: heranwachsen
12 colere: verehren

Lektion 12

1. Gitterrätsel: Suche die deutschen Bedeutungen folgender lateinischer Begriffe heraus.
   ***Findest du weitere?**

N	B	O	T	O	W	E	K
E	A	L	L	E	I	N	D
G	U	C	A	L	E	H	L
E	E	I	H	H	C	O	H
G	N	U	T	D	M	S	O
E	I	N	E	B	E	L	W
R	U	N	D	U	M	M	B
N	I	E	M	A	L	S	O

postquam: _____

solus: _____

vivere: _____

quamquam: _____

contra: _____

_____

_____

_____

2. Gegenteile: Suche einen Gegenbegriff und gib jeweils die Bedeutung an.

iubere			
cum			
pax			
numquam			
aedificare			
novus, a, um			
servare			

3. »Der Apfel fällt nicht weit vom Stamm.«
   Kennst du ein weiteres Wort derselben Wortfamilie? Nenne auch die Bedeutung.

vivere	
regnum	
gaudium	
clamare	
pugnare	
miseria	

4. Detektiv: Finde alle Perfektformen.

a) rogavimus – placet – timuit – incitant – delectatis – curavi – laboramus

b) donis – volas – monuisti – antiquis – amamus – vocavisti – fuit – iuvat

Daran erkenne ich die Perfektformen: _____

5. Formen bilden mit System: Fülle die Tabelle aus.

1. Pers. Sg.	laboravi		monui
2. Pers. Sg.			
3. Pers. Sg.		fuit	
1. Pers. Pl.			
2. Pers. Pl.			
3. Pers. Pl.			

6. Formen bestimmen: Kreuze an und übersetze.

	Singular			Plural			Präs.	Perf.	Übersetzung
	1.	2.	3.	1.	2.	3.			
a) putavit									
b) deliberamus									
c) volaverunt									
d) timuisti									
e) rapio									
f) vincunt									
g) habui									
h) traditis									
i) vocavistis									
j) vivo									
k) iubet									
l) narravi									

*7. Präsens – Perfekt: Bilde die fehlenden Formen und übersetze.

Präsens	Perfekt
narro	
	aedificaverunt
mones	
	simulavit
servamus	
	fuistis

8. Welche Endungen passen? Suche zu jedem Wortanfang mindestens eine passende Endung und bestimme die Form.

Wortanfänge	Endungen
vocav-	-i
mone-	-em
monu-	-ibus
amic-	-erunt
urb-	-mus
	-istis
	-t
	-os

_____

_____

_____

_____

_____

*9. Perfekt-Formenschlangen! Verwandle.

a) invitamus → Perf. _____ → 3. Pers. _____

→ Sg. _____ → 2. Pers. _____ → Präs. _____

b) iaceo → 3. Pers. _____ → Perf. _____

→ Pl. _____ → 1. Pers. _____

c) necant → Perf. _____ → 2. Pers. _____

→ Sg. _____ → 1. Pers. _____

*10. So kommt Rom zu seinem Namen
10.1 Lies den Text zweimal durch und fasse zusammen, was du schon verstanden hast.
10.2 Übersetze in deinem Heft.

Asia fragt Gallus, wie Rom zu seinem Namen gekommen ist.

Romulus et Remus, postquam se filios Rheae Silviae esse audiverunt et regem malum pepulerunt[1], urbem novam condere[2] cupiverunt. Itaque cum aliis pastoribus[3] locum[4] idoneum invenire cupiverunt.

Ad flumen Tiberim locum[4] invenerunt et Romulus Remo: »Ecce! Hic urbem novam condere[2] debemus!«

Sed Remus: »E deis quaerere debemus, qui regat[5]. Caelum[6] spectamus et aves[7] numeramus[8]. Di ei regnum dant, qui[9] maiorem numerum avium videt.«

Remus VI aves[7] spectavit, sed Romulus victor[10] fuit, quia XII aves[7] spectavit.

»Eo ex signo intellego deos me iuvare«, Romulus clamavit et murum[11] aedificare paravit.

Remus autem fratrem irrisit[12]: »Id murum[11] transilire[13] possum«, clamavit et murum[11] transiluit[13].

Romulus ira commotus[14] Remum necavit et urbi nomen[15] suum dedit[16].

1 **pepulerunt:** sie hatten vertrieben
2 **condere:** gründen
3 **pastor,** pastoris *m.*: Hirte
4 **locus,** i: Ort, Stelle
5 **qui regat:** wer regieren soll
6 **caelum,** i: Himmel
7 **avis,** is *f.*: Vogel
8 **numerare:** zählen
9 **qui maiorem numerum avium:** der eine größere Anzahl an Vögeln
10 **victor,** victoris *m.*: Sieger
11 **murus,** i: Mauer
12 **irrisit:** er lachte aus
13 **transilire** (*Perf.* transilui): überspringen
14 **ira commotus:** aus Zorn
15 **nomen,** nominis *n.*: Name
16 **dedit:** *Perfektform von* dare

Lektion 13

1. Magische Verbindung
Verbinde jedes lateinische Wort mit seiner Bedeutung und einem passenden Bild.

murus — danken

gratias agere — verzweifeln

delere — anfüllen

desperare — Mauer

complere — zerstören

*2. Geheimschrift: Versuche, die verschlüsselten lateinischen Begriffe herauszufinden.
Die deutschen Bedeutungen der ersten beiden Begriffe können dir dabei helfen.

Latein	Verschlüsselt	Deutsch
	MTODQ	kürzlich
	ADMDEHBHTL	Wohltat
	ZTFDQD	
	BZKZLHSZR	
	QTLODQD	
	PTZL	
	EZLZ	
	CDRODQZQD	
	MHGHK	

Welcher Code wurde zum Verschlüsseln verwendet? _____

3. Keine Zeit?
Suche alle Wörter heraus, die etwas mit Zeit zu tun haben.

nihil – semper – tamen – diu – nuper – sine – antea – rursus – tamquam – numquam – ergo – nam – denique – postquam

4. Fremdwörter
4.1 Nenne das lateinische Ursprungswort und seine Bedeutung.
*4.2 Finde heraus, was die Fremdwörter bedeuten.

a) Eruption: _____

b) Auktion: _____

c) Komplet: _____

d) Kalamität: _____

5. Formen bestimmen: Kreuze an und übersetze.

	Singular			Plural			Präs.	Perf.	Übersetzung
	1.	2.	3.	1.	2.	3.			
a) deleverunt									
b) fecistis									
c) rapio									
d) potuimus									
e) egistis									
f) dico									
g) veni									
h) paravimus									
i) facimus									
j) tribui									
k) tribuis									

*6. Bilde von den Infinitiven die 1. Person Singular Perfekt und ordne die verschiedenen Perfektbildungsarten zu.

v-Perf.	u-Perf.	s-Perf.	Dehnung	Red.-Perf.	Stamm-Perf.
clamavi					

deliberare – venire – tribuere – monere – removere – dicere – flere – ardere – dare

7. Das PPP: Versuchs mal mit KNG!
Ergänze die fehlende Endung und übersetze.

a) muri aedifica____: _____

b) fabulae narrat____: _____

c) urbs delet____: _____

d) mulier invitat____: _____

*8. Asias Bruder
8.1 Lies den Text zweimal durch und fasse zusammen, was du schon verstanden hast.
8.2 Übersetze in deinem Heft.

Asia hat ihren verschleppten Bruder lange nicht gesehen, ihn dann aber bei den Gladiatorenkämpfen wiedererkannt: Er musste als Gladiator in der Arena kämpfen.
Gallus lässt seine Beziehungen zur Gladiatorenschule spielen und hat nun für Asia eine Überraschung parat.

Gallus et Asia ad scholam¹ *gladiatorum* venerunt.

Ibi vir ignotus² eos exspectavit et in scholam¹ duxit³. Diu ibi remanserunt et

nulla verba fecerunt.

Subito *gladiator* Asiam adiit et sorori oscula⁴ dedit.

5   Asia dixit: »Is frater meus est; ei nomen⁵ Bactrianus est.

Sed narra, Bactriane: Cur hic es? Cur non cum aliis viris gentis nostrae contra

Romanos pugnas?«

Bactrianus: »Contra Romanos multos annos pugnavimus. Denique Romani

vicerunt⁶ et nos in servitutem⁷ duxerunt³. Etiam ego servus⁸ Romam⁹ veni et

10 in arena¹⁰ pugnare didici¹¹.

Nunc laetus sum, quod te inveni et te salvam¹² esse non ignoro.«

1 **schola**, ae: Schule
2 **ignotus**, a, um: unbekannt
3 **duxit, duxerunt**: *Perf. zu* ducere
4 **osculum**, i: Kuss
5 **nomen**, nominis *n.*: Name
6 **vicerunt**: *Perf. zu* vincere
7 **servitus**, servitutis *f.*: Sklaverei
8 **ego servus**: ich als Sklave
9 **Romam**: nach Rom
10 **arena**, ae: Arena
11 **discere**, disco, didici: lernen
12 **salvus**, a, um: gesund

Lektion 14

1. Gitterrätsel: Suche die lateinischen Begriffe zu folgenden deutschen Wörtern.
   *Findest du weitere?

O	N	U	P	E	R	D	A
P	E	R	G	E	R	E	I
O	L	M	I	L	E	S	P
R	B	U	E	G	O	N	O
T	F	G	S	V	I	M	C
E	A	R	S	D	G	O	X
T	M	E	O	F	E	D	I
S	A	T	P	U	L	O	V

kaum: _____

Lust: _____

Menge: _____

Soldat: _____

Gerücht: _____

_____

_____

_____

2. Stammformen erkennen: Gib den Infinitiv Präsens und seine Bedeutung an.

a) reppulit		
b) fuisse		
c) acceperunt		
d) credidistis		
e) dedisse		

3. Infinitive bestimmen: Infinitiv Präsens oder Infinitiv Perfekt? Kreuze an.

	Infinitiv Präsens (gleichzeitig)	*Infinitiv Perfekt (vorzeitig)*
a) desperavisse	☐	☐
b) servare	☐	☐
c) ponere	☐	☐
d) fecisse	☐	☐
e) comperisse	☐	☐
f) fundere	☐	☐
g) vicisse	☐	☐

4. AcI: Gleichzeitig oder vorzeitig?
Bestimme den Infinitiv und wähle dann die richtige Übersetzung aus.

a) Aurelia audit [maritum et filium e thermis re-venire].

   Aurelia hört, dass ihr Mann und ihr Sohn aus den Thermen

   ☐ zurückkommen.
   ☐ zurückgekommen sind.

b) Marcus narrat [Germanos legionem Lollii vicisse].

   Marcus erzählt, dass die Germanen die Legion des Lollius

   ☐ besiegen.
   ☐ besiegt haben.

c) Sextus dicit [se id credere non potuisse].

   Sextus sagt, dass er es nicht glauben

   ☐ kann.
   ☐ konnte.

d) Aurelia dicit [eam cladem Romanis indignam esse].

   Aurelia sagt, dass diese Niederlage den Römern nicht würdig

   ☐ ist.
   ☐ war.

5. Gerücht in den Thermen: Markiere den AcI mit einer Klammer, unterstreiche den Infinitiv und bestimme das Zeitverhältnis (gleichzeitig oder vorzeitig). Dann übersetze.

a) Publius narrat Germanos copias Romanas vicisse.   ☐ gz ☐ vz

_____

b) Constat Romanos aquilam[1] amisisse[2].   ☐ gz ☐ vz

_____

c) Marcus eam cladem magnam esse intellegit.   ☐ gz ☐ vz

_____

d) Marcus patrem famam primo[3] non credere videt.   ☐ gz ☐ vz

_____

e) Sed servus etiam se eam famam audivisse dicit.   ☐ gz ☐ vz

_____

1 aquila, ae: Legionsadler – **2 amisisse:** *zu* amittere – **3 primo** *(Adv.)*: zuerst

*6. Sabinius erzählt Gaia von einer seiner vielen Reisen.
Entscheide, welcher Infinitiv passt, und übersetze.

a) Sabinius se cum patre in Graecia (esse/fuisse) dicit.

b) Sabinius se ibi urbes magnas et praeclaras (adire/adiisse) narrat.

c) Sabinius videt Gaiam puellam pulchram (esse/fuisse).

d) Itaque Sabinius cupit Gaiam secum Graeciam (visitare¹/visitavisse).

1 **visitare:** besuchen

*7. Marcus' Pläne
Übersetze in deinem Heft.

Noch ganz aufgewühlt von den schlimmen Ereignissen ruft Marcus seinen Sklaven Gallus zu sich.

»Audi, Galle, nova¹ comperi et multa tibi narrare cupio:

Multas nationes Germanas flumen Rhenum transisse et milites nostros

petivisse comperi; Marcus Lollius imperator copias Germanorum repellere

cupivit; sed homines barbari² legionem Lollii fuderunt et populus Romanus

5   magnam calamitatem accepit, quod Marcus Lollius aquilam³ amisit⁴.

Augustum imperatorem tantam calamitatem tolerare non posse constat.

Itaque milites nostros iuvo. Gladium emi⁵, quia miles⁶ in Galliam ire cupio.

Augustum iuvare necesse est. Patriam⁷ iuvare necesse est. Mundum⁸ servare

necesse est!«

10   Sed Gallus: »Permultas⁹ orationes¹⁰ audivisti et permultas⁹ exercitationes

oratorias¹¹ scripsisti¹² et nunc te fortem¹³ virum esse putas. Sed audi, Marce:

Alii pugnent¹⁴, tu magistrum audias¹⁵!«

1 **nova** *(n. Pl.)*: Neuigkeiten
2 **barbarus**, a, um: barbarisch
3 **aquila**, ae: Legionsadler
4 **amisit:** *Perf.* zu amittere
5 **emi:** *Perf.* zu emere
6 **miles:** *hier:* als Soldat
7 **patria**, ae: Vaterland
8 **mundus**, i: Welt
9 **permulti**, ae, a: zu viele
10 **oratio**, orationis *f.*: Rede
11 **exercitatio oratoria:** Redeübungen
12 **scribere**, scribo, scripsi, scriptum: schreiben
13 **fortis**, is: tapfer
14 **pugnent:** sie sollen kämpfen
15 **magistrum audias:** du sollst deinem Lehrer zuhören

Lektion 15

1. Silbenrätsel: Kombiniere die Silben zu Wörtern und ordne sie den richtigen lateinischen Wörtern zu.

| be | buch | chen | chen | füh | gift | hei | hoch | kom | la | men |
| men | mit | ra | ren | sam | spre | sta | ten | ver | zeit | zu |

littera: _____

convenire: _____

nubere: _____

ducere: _____

ridere: _____

nuptiae: _____

dos: _____

promittere: _____

2. Mutter Latein und ihre Töchter!
   Viele Wörter der romanischen Sprachen stammen aus dem Lateinischen ab.
   Nenne den lateinischen Ursprung und die deutsche Übersetzung.

Italienisch	Französisch	Spanisch	Latein	Deutsch
ridere	rire	reír		
amore	amour	amor		
onesto	honorable	honorable		
promettere	promettre	prometer		
leggere	lire	leer		
cercare	chercher	buscar		

3. Keine Zeit? Suche alle Wörter heraus, die etwas mit Zeit zu tun haben.

quando – vix – quomodo – mox – domum – nihil – heri – sine – hodie – nuper

4. Ort, Zeit oder Begründung oder was?
   Ordne den Wörtern ihre deutsche Bedeutung und die Sinnrichtung zu.

si	weil	Zeit (temporal)
quia	obwohl	Grund (kausal)
cum	nachdem	Bedingung (kondizional)
quamquam	wenn	Zeit (temporal)
postquam	als	Einräumung/Gegensatz (konzessiv)

5. Imperfekt-Tandem
   Bilde zu den Präsensformen die entsprechende Imperfektform und umgekehrt.

Präsens	Imperfekt
spera-t	
aedifica-t	
	demonstra-ba-s
stude-mus	
	mone-ba-m
ride-nt	
	audi-eba-tis
sci-t	
	conveni-eba-m
eripi-unt	
	repara-ba-mus

6. Imperfekt-Detektiv: Finde alle Imperfektformen und unterstreiche sie.

a) contenderunt – fundebatis – legebas – amittit – desinebam – parebant

b) nesciunt – augebat – ducimus – invitabamus – egit – gaudebas – erat

c) promittebas – credidisti – risistis – nubebas – iubes – quaerebatis – reppulimus

*7. Formenschlangen! Verwandle.

a) studes → Imperf. _____ → 1. Pers. _____

→ Pl. _____ → 3. Pers. _____ → Perf. _____

b) scio → Imperf. _____ → 3. Pers. _____

→ Pl. _____ → Perf. _____ → Präs. _____

c) sum → Imperf. _____ → 3. Pers. _____ → Pl. _____

→ 2. Pers. _____ → Perf. _____

*8. Perfekt oder Imperfekt? Bilde die passende Form und übersetze.

Dädalus und sein Sohn Ikarus waren auf der Insel Kreta gefangen.

a) Diu Daedalus cum Icaro e Creta fugere[1] _____ (cupere).

_____

b) Daedalus saepe[2] ad aquam, saepe[2] ad caelum[3] _____ (spectare);

tandem dolum _____ (invenire).

_____

c) Alas[4] _____ (facere) et filio _____ (iubere): »Noli appropinquare soli[5]!«

_____

d) Sed puero volare _____ (placere) et contra verba patris _____ (agere).

_____

e) Sol[6] alas[4] pueri _____ (delere) et pater filium iuvare non _____ (posse).

_____

1 fugere: fliehen – **2 saepe:** oft – **3 caelum,** i: Himmel – **4 ala,** ae: (künstliche) Flügel – **5 noli appropinquare soli!:** Nähere dich nicht der Sonne! – **6 sol,** solis *m.*: Sonne

56 | Lektion 15

*9. Die Geschichte von Asias Bruder
Übersetze in deinem Heft.

Gallus hatte ein Treffen mit Asias Bruder arrangiert, der verschleppt worden war und schließlich als Gladiator nach Rom gekommen war. Auf dem Heimweg ...

Asia diu tacebat et multos mercatores cum mercibus non videbat.

Tandem restitit¹ et dixit: »Gratias tibi ago, quia fratrem meum invenisti et me

ad eum duxisti. Multa narravit: Multos annos cum viris gentis nostrae contra

Romanos pugnabat. Mulieres et liberos defendebant² et bona protegebant³.

5 Tum Romani subito in vico⁴ fuerunt. Nam unus ex incolis⁵ amicos prodiderat⁶

et Romanis viam arcanam⁷ demonstraverat⁸.

Sic Romani dolo vicerunt et nostros in servitutem⁹ duxerunt.

Diu frater per mare¹⁰ navigare¹¹ debebat.

Nunc in arena¹² pugnare debet, sed bonus *gladiator* est et multos adversarios

10 vicit.«

1 **restitit:** *Perf. zu* resistere
2 **defendere:** verteidigen
3 **protegere:** schützen
4 **vicus,** i: Dorf
5 **incola,** ae *m.*: Bewohner
6 **prodiderat:** er hatte verraten *(Vorvergangenheit)*
7 **via arcana:** geheimer Weg
8 **demonstraverat:** *Vorvergangenheit zu* demonstrare: er hatte ...
9 **servitus,** servitutis *f.*: Sklaverei
10 **mare,** maris *n.*: Meer
11 **navigare:** fahren, segeln
12 **arena,** ae: Arena

Lektion 16

*1. Geheimschrift: Versuche, die verschlüsselten lateinischen Begriffe herauszufinden. Die deutschen Bedeutungen der ersten beiden Begriffe können dir dabei helfen.

Latein	Verschlüsselt	Deutsch
	DPOJVOY	Ehemann
	WPY	Stimme
	PQUJNVT	
	DSBT	
	PDVMVT	
	FYJSF	
	EFB	
	DPMFSF	
	IFSJ	

Welcher Code wurde zum Verschlüsseln verwendet? _____

2. Sortiere nach Wortarten.

exibit – oculos – corde – a – sine – cras – pergo – muri – studete – saepe – de – ab – rursus – herbis – tribuisse – dolum – fortasse – ex – abite – contra

Substantive	Verbformen	Präpositionen	Sonstige

3. Gaias Zukunft: Sammle mindestens 5 Wörter (mit Bedeutung), die dir zu diesem Thema einfallen.

_____

_____

4. Viele Zeiten mit System. Bilde die fehlenden Formen.

Präsens	Imperfekt	Futur
despera-t		
	ora-ba-t	
	i-ba-t	
		stude-bu-nt
ride-mus		
spera-tis		
	exi-ba-nt	
		auge-bi-s

5. Futur-Detektiv: Finde alle Futurformen und unterstreiche sie.

a) colebas – exspectabis – abibis – neglegebas – parebimus – trahitis

b) simulabimus – narrabo – ducebam – invitabamus – movebit – parabit – vivebas

*6. Signalwörter: Welches Tempus passt? Bilde die richtige Form und übersetze.

Dädalus und sein Sohn Ikarus waren auf der Insel Kreta gefangen. Da hatte Dädalus eine Idee: Er wollte künstliche Flügel bauen, mit denen sie übers Meer fliegen konnten.

a) Diu Daedalus _____ (cogitare[1]); subito dolum _____ (invenire):

b) »Ita nos *insulam* relinquere _____ (posse).

c) Paucis diebus[2] nos ex *insula* _____ (volare)!

d) Ego plumas[3] _____ (apportare) et alas[4] _____ (aedificare).«

1 cogitare: überlegen; nachdenken – **2 paucis diebus:** in wenigen Tagen – **3 pluma,** ae: Feder – **4 ala,** ae: Flügel

*7. Kleine Geschwister!
Stelle dir vor, jemand aus deiner Familie (z.B. eine Tante) bekommt Kinder. Was wirst du tun? Schreibe einige Sätze im Futur. Folgende Wörter können dir helfen.

gaudere – curare – visitare (besuchen) – habere – dare – clamare – flere – debere – spectare – habitare – placare – iuvare – laborare – narrare

Postquam liberos peperit, ego eam visitabo … _____

_____

_____

_____

_____

_____

*8. Hoffnung auf Freiheit
Übersetze in deinem Heft.

Asia erzählt weiter von ihrem Gespräch mit ihrem Bruder, der verschleppt und als Gladiator nach Rom gebracht worden war.

Bactranius, postquam multa de patria[1] amissa et de miseria sua narravit,

subito risit et dixit:

»Multas pugnas pugnabo et multos adversarios in arena[2] necabo. Pecuniam

magnam apportabo; populus me amabit et alii *gladiatores* me timebunt. Ego

5   praeclarus *gladiator* in Campo Martio[3] stabo et tandem liber ero[4].

Denique in patriam[1] redibimus[5]: Nostrum vicum[6] videbimus et villam

aedificabimus. Nostri nobiscum habitabunt, quia cum familia vivere necesse

est. Deos nostros implorabimus, sacrificia eis dabimus, bestias immolabimus.

Tum contra Romanos pugnabimus neque desperabimus. Aut libertatem[7] aut

10   mortem[8] exspectabimus. Sed certe scio: Dei nos iuvabunt et a Romanis iniquis

liberabunt[9].«

1 patria, ae: Heimat
2 arena, ae: Arena
3 Campus Martius: Marsfeld
4 liber ero: ich werde frei sein
5 redire: zurückkehren
6 vicus, i: Dorf
7 libertas, libertatis *f.*: Freiheit
8 mors, mortis *f.*: Tod
9 liberare: befreien

Lektion 17

1. Gitterrätsel: Suche die deutsche Bedeutung folgender lateinischer Begriffe.
   *Findest du weitere?

A	I	D	N	U	S	E	G
E	E	N	E	Z	P	J	U
M	R	N	H	E	R	Z	T
M	D	A	E	I	H	F	U
I	N	M	S	T	V	R	G
T	A	E	L	B	O	T	E
S	C	H	M	E	R	Z	I
K	H	E	I	M	A	T	S

victoria: _____

patria: _____

tempus: _____

dolor: _____

cor: _____

_____

_____

_____

2. Fremdwörter
2.1 Nenne das lateinische Ursprungswort und seine Bedeutung.
*2.2 Finde heraus, was die Fremdwörter bedeuten.

a) Kultur: _____

b) Motor: _____

c) Reliquie: _____

3. Kleine Wörter: Sortiere nach Sachfeldern und gib die Bedeutung an.

cras – itaque – domum – hic – cur – heri – quando – saepe – nam – ubi – postquam – quia

Grund	Zeit	Ort

4. Konjugationen
4.1 Sortiere die Wörter nach Konjugationen.

metuere – servare – nescire – legere – complere – movere – pervenire – credere – promittere

a-Konj.	e-Konj. (ē)	i-Konj.	kons. Konj. (ĕ)

4.2 Bilde die 3. Pers. Sg. Futur.

a- und e-Konjugation: _____

i-Konjugation: _____

kons. Konjugation: _____

5. Nicht nur Futur: Welche Form passt nicht? Begründe deine Auswahl.
Hinweis: Wenn dir die Auswahl schwerfällt, benutze den alphabetischen Wortschatz in deinem Buch als Hilfe.

a) vocabis – nobis – ridebis – narrabis: _____

b) fundam – agam – novam – exstinguam: _____

c) ridet – iubebit – colet – amittet: _____

d) vincent – petent – vident – fugient: _____

e) relinquemus – faciemus – capiemus – movemus: _____

Warum ist das Erkennen des Futurs manchmal schwierig? Worauf musst du achten?

_____

62 | Lektion 17

6. Gegenwart, Zukunft, Vergangenheit: Ordne den Verbformen die richtige Übersetzung zu.

a) vincit
b) ducebat
c) vicit
d) metuet
e) sperabit
f) scit
g) metuit
h) ducet
i) vincet

1) er führte
2) er wird führen
3) er siegte
4) er siegt
5) er wird siegen
6) er wird hoffen
7) er weiß
8) er wird fürchten
9) er fürchtet

7. Ordne die Verbformen nach den Tempora.

recipiebas – sciam – duxerunt – intellegunt – vincunt – exii – veniebatis – ridebimus – metuam – diligebam – eris – capiunt – tradidit

Präsens	Perfekt	Imperfekt	Futur

*8. Formenschlangen! Verwandle.

a) video → Fut. _____ → 3. Pers. _____

→ Pl. _____ → Imperf. _____ → Perf. _____

b) fugio → Fut. _____ → 3. Pers. _____

→ Pl. _____ → Perf. _____ → Präs. _____

c) veniunt → Fut. _____ → 2. Pers. _____

→ Sg. _____ → 1. Pers. _____ → Präs. _____

*9. Gallus' Zukunftsträume
Übersetze in deinem Heft.

Die Pläne, von denen Asia berichtet hat, gefallen Gallus überhaupt nicht. Er möchte nicht, dass Asia mit ihrem Bruder in ihre Heimat zurückkehrt …

»Nescio, quid cogitem[1] et faciam[2]. Priusquam[3] Asia fratrem suum vidit,

vita mea laeta erat.

Nunc autem et laetus et maestus[4] sum. Nam Asia gaudet, quod fratrem

invenit. Et fortasse mox liber[5] erit et urbem relinquet et Asiam secum ducet.

5 Sed ego despero. Nam Asiam amo. Itaque cupivi dominum adire et ex eo

quaerere: ›Licetne cum Asia nuptias parare?‹

Sed nunc fortasse Romam et me relinquet.«

Gallus flet.

Subito vocem Asiae audit:

10 »Numquam ex urbe exibo. Quamquam patriam videre cupivi, Romam

patriam novam esse scio. Ubi tu es, ibi patria est. Numquam te relinquam,

quia te amo et semper amabo!«

1 cogitem: ich soll denken
2 faciam: ich soll tun
3 priusquam: bevor
4 maestus, a, um: traurig
5 liber: frei